LES FAUTES

STRATÉGIQUES

DES PRUSSIENS

AMÉDÉE LE FAURE

LES FAUTES

STRATÉGIQUES

DES PRUSSIENS

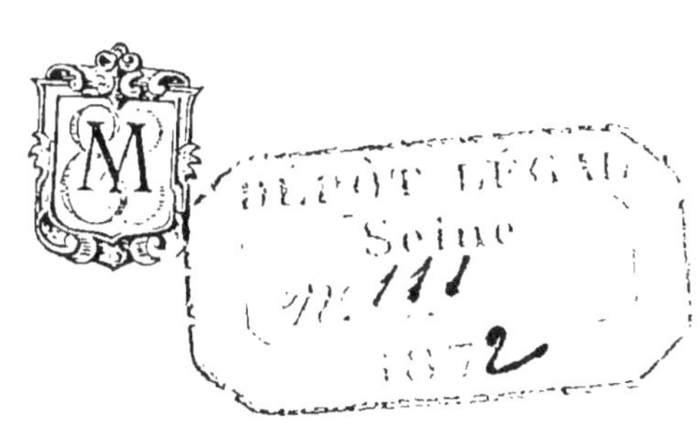

PARIS

LIBRAIRIE GÉNÉRALE

DÉPOT CENTRAL DES ÉDITEURS,
72, boulevard Haussmann, et rue du Havre

BRUXELLES | VERSAILLES
OFFICE DE PUBLICITÉ | CHEZ O. BERNARD

1872.

Un des écrivains militaires les plus autorisés
de l'Allemagne a publié sous ce titre: *Les Fautes stratégiques des Français*, une étude qui a
obtenu de l'autre côté du Rhin un succès très-
réel, d'ailleurs mérité. La besogne était malheureusement facile, et M. de Vickede n'a pas
eu de peine à prouver l'ignorance et l'incapacité de nos généraux.

En Alsace comme en Lorraine, à Sedan
comme à Paris, les Prussiens n'ont pas eu
grand mérite à triompher de nos chefs; aussi,
loin de se laisser éblouir par les résultats si
décisifs pourtant de cette campagne, l'état-
major ennemi ne songe-t-il qu'à introduire
dans l'organisation militaire allemande des
perfectionnements nouveaux. Il comprend ce
que les troupes françaises pourront faire le
jour où elles seront sérieusement commandées,
et le souvenir de Wœrth, de Gravelotte et de

Saint-Privat, où nos soldats ont prouvé leur courage et leur énergie, inspire aux Prussiens des réflexions qui ne sont rien moins que rassurées.

Il serait facile de montrer par cent exemples combien cette inquiétude, ce souci de l'avenir, est profond chez nos vainqueurs d'hier : dans une étude prochaine, nous énumérerons toutes les réformes, tous les progrès accomplis depuis la guerre, et ce travail prouvera que les Allemands ne considèrent pas leurs conquêtes comme définitives.

En France, après avoir péché par excès d'insouciance et de présomption, nous tombons dans le défaut contraire : le Français était invincible, l'idée seule d'une défaite ne pouvait nous venir, et aujourd'hui nous ne rêvons rien de supérieur à cette organisation qui a triomphé de nos forces. De Moltke est surtout l'objet de notre admiration ; il a tout prévu, tout calculé; de son cabinet, il dirigeait les armées comme un joueur d'échecs les pions. Son génie ne s'est pas trouvé une seule fois en défaut, et tous nos projets, nos plans sont venus se briser devant son impassible prévoyance.

Nous ne contesterons pas à coup sûr au général prussien ses qualités, malheureusement trop sérieuses, mais nous prouverons que nos vainqueurs ont eux aussi à se reprocher des fautes indiscutables. Cette opinion pourra surprendre le lecteur en France, elle est déjà adoptée en Allemagne et plus d'un ouvrage avoue que les généraux prussiens se sont quelquefois trompés.

Il nous suffira d'étudier minutieusement la campagne, de parcourir tous les travaux publiés pour pouvoir signaler ces erreurs. Notre but n'est pas de chercher à diminuer le triomphe de nos ennemis; il n'est que trop complet, mais nous voulons réagir contre cette tendance funeste qui s'efforce d'emprunter au vainqueur les moindres détails de son organisation, qu'ils soient bons ou mauvais.

Les Allemands avaient l'avantage incontesté du nombre, la science, une artillerie double de la nôtre, des généraux d'une capacité réelle, une cavalerie admirable, une discipline severe, en un mot tout ce qui assure la victoire. Et cependant ces avantages si décisifs n'auraient pas suffi si le hasard, la fatalité, la chance, qu'on l'appelle du nom que l'on voudra, ne s'était pas, du premier au dernier jour, tourné contre nous.

Ce n'est pas là un paradoxe inspiré par un

patriotisme aux abois, une mauvaise chicane
du vaincu, c'est une vérité qui frappera également tous ceux qui étudieront assez miuntieu-
sement cette campagne pour pouvoir en faire
l'histoire philosophique.

Tout le génie d'un de Moltke soutenu par de
Blümenthal pouvait-il supposer que le général de Failly, entendant le canon de Wœrth
n'obéirait pas aux ordres qu'il avait reçus et
n'accourrait pas au secours de Mac-Mahon?

Ce même jour l'état-major prussien avait-il
deviné que les généraux français entendant
le canon de Forbach, prévenus d'ailleurs
par quatre dépêches successives, n'amène-
raient pas aux défenseurs de Spikeren, dont ils
n'étaient séparés que par quelques lieues, des
renforts suffisants pour assurer la victoire?

L'armée de Frédéric-Charles avait besoin de
huit à dix jours pour se trouver sous le canon
de Metz; pouvait-on espérer que les troupes
françaises mettraient ce temps à faire les quelques kilomètres qui les séparaient de la ville,
de façon à n'opérer leur retraite sur Verdun
que le 14, au lieu du 10 ou 11?

Était-il présumable que Bazaine vainqueur à
Gravelotte, — car les Allemands eux-mêmes ne
songent plus sérieusement à nous contester

notre victoire du 16, — perdrait la journée du 17 au lieu de continuer sa route?

Le 18, que serait devenue toute la science des Prussiens, si le maréchal, au lieu de rester à Plappeville avec la garde et l'artillerie de réserve, était venu soutenir le 6e corps, sur tous les autres points la victoire n'étant pour ainsi dire plus disputée?

Quelle fatalité a imposé cette marche sur Sedan, alors que le Ministre de la Guerre avait indiqué, presque ordonné un plan qui rendait inutile toute la vitesse des Prussiens?

L'empereur Guillaume savait-il à l'avance qu'à Paris, comme à Metz, les troupes auraient à leur tête moins un général qu'un conservateur des monuments ?

Avait-on prévu que les maréchaux de France négocieraient au lieu de combattre?

Il serait facile de multiplier ces exemples à l'infini : partout nous rencontrons la même *fatalité* acharnée contre nous. Nous disons fatalité, car le mot incapacité ne suffit pas.

C'est Bazaine qui se rend juste à temps pour permettre à Frédéric-Charles de courir sus à l'armée de la Loire, ou bien le général Trochu faisant sa sortie le 30 novembre, alors que la victoire de Coulmiers rendait, le 9, la jonction presque certaine.

Rappelons encore que le jour de la bataille du Mans, qui, jusqu'à la fin, est restée si incertaine, le prince Frédéric-Charles avoue qu'il s'attendait pour le lendemain à renouveler son attaque ; le général Chanzy était dangereusement malade.

Certes, en faisant tous ces rapprochements, nous n'entendons pas discuter notre défaite : elle était assurée avant que le premier coup de canon ne fût tiré, mais en la constatant, nous avons le droit d'en rechercher les causes, et après avoir fait la part de la supériorité de l'ennemi, d'affirmer cette malchance qui s'acharne après nous : *Sic fata voluerunt.*

Et, je le répète, que ce mot qui revient sous ma plume ne soit pas pris pour la banale excuse d'un vaincu de mauvaise foi ; tous ces faits que j'énumère sont bien réels, et leur explication ne peut être donnée.

Sans doute, l'arrivée du corps de Failly ne nous assurait pas la victoire à Wœrth. Il serait cependant possible de discuter cette opinion, car M. de Wickede, dont le témoignage ne peut être suspect aux Allemands, avoue que le succès « a tenu à un cheveu », mais il permettait à Mac-Mahon de défendre les Vosges.

Jamais les calculs si exacts, pourtant, des Prussiens, leur connaissance si approfondie de notre décadence, n'auraient supposé des généraux français déjeunant pendant que leurs soldats se faisaient tuer, des maréchaux de France refusant de profiter de la victoire que le courage des troupes a gagnée, ou négociant devant un ennemi à peine supérieur en nombre, des chefs enfin négligeant le Dieu des batailles pour s'adresser à sainte Geneviève.

Ils admettaient l'incapacité et ne se trompaient guère, mais cet ensemble d'événements bizarres, incompréhensibles, dépassait leur intelligence, et après la reddition de Metz, pour ne prendre qu'un exemple, le prince Frédéric-Charles avouait à un colonel d'état-major français que la conduite de Bazaine était un mystère qu'il renonçait à s'expliquer.

Dans l'avenir, nous serons — on peut l'espérer du moins — débarrassés de ces nullités, et en nous supposant des chefs simplement ordinaires, la lutte sera plus égale.

D'ailleurs, sans contester la valeur, le génie si l'on veut, du comte de Moltke, est-il bien exact que cette intelligence ne puisse se tromper? La guerre de 1870 a sans doute prouvé une haute capacité, une science profonde, mais dans cette série de marches, de batailles, tout avait-il été calculé, pesé, réfléchi, comme on se plaît à le dire, et n'y a-t-il pas eu place quelquefois pour le doute, pour l'erreur même?

Turenne, Condé, Masséna, Napoléon se sont trompés plus d'une fois ; le comte de Moltke seul aura-t-il dans l'histoire des grands stratégistes cette gloire d'être sans péché?

Tous ceux qui ont étudié cette campagne sans parti pris ont déjà signalé les fautes, plus nombreuses qu'on ne le croit, de l'état-major prussien. Nous les résumerons ici brièvement, non par chauvinisme, mais pour rendre plus vivace au cœur l'espoir d'une revanche que peut assurer un travail de chaque jour.

1

Le 6 août, à quatre heures du soir, les
Prussiens sont maîtres du champ de bataille;
après le général Douai, Mac-Mahon est vaincu.
Wœrth, Reischoffen sont aux mains de l'ennemi. En prolongeant la lutte jusqu'à la dernière cartouche, le maréchal a rendu la retraite
impossible. A jeun depuis douze heures,
épuisé par ce combat surhumain, le soldat est
incapable de se défendre. A peine peut-il
fuir : de temps à autre épuisé, sans espoir,
sans énergie, il se laisse tomber sur la route,
au risque d'être écrasé par les caissons qui
passent au galop. La voix des officiers n'est
plus écoutée : ce n'est pas une retraite, mais
une déroute.

Pourtant, il faut reculer jusqu'à Saverne,
48 kilomètres, et la cavalerie prussienne, cette

merveilleuse cavalerie qui tant de fois donnera la mesure de sa hardiesse, peut s'élancer à la poursuite des fuyards, sabrant sans pitié, et n'ayant que la peine de faire des prisonniers.

La résistance est impossible, tous les officiers sont d'accord sur ce point, et les vingt livres ou brochures qui ont paru sur ce triste sujet font de cette déroute un tel tableau que l'on ne discute plus l'hypothèse d'une lutte.

L'armée de Mac-Mahon va donc être détruite, et ces 25,000 hommes qui courent éperdus sur la route de Saverne ne peuvent échapper.....

La cavalerie prussienne ne bougea pas. Pourtant, elle n'avait pas comme nos deux régiments de cuirassiers intrépides chargé dans les houblonnières, elle était restée en arrière du champ de bataille et pas un homme, pas un cheval n'avait été atteint.

Seuls, le 14e dragons et les hussards du Nord s'avancèrent au sud de Reischoffen, s'emparèrent de la caisse de Mac-Mahon et, satisfaits de ce facile exploit, ne songèrent pas à poursuivre les fuyards.

Cette faute était tellement grave que le rapport officiel allemand s'empressa de la cacher. « Comme la cavalerie allemande se tenait prête, dit-il, la poursuite put se faire d'une façon très-énergique, ce qui changea la retraite en véritable déroute ; elle se continua jusqu'à Saverne, à plus de six lieues de Wœrth ».

Cette affirmation est radicalement fausse, les Français n'ont pas été poursuivis. Le rapport du maréchal Mac-Mahon le dit nettement : « Nous n'avons pas été vivement inquiétés. » *L'Officiel* du 8 août contient la dépêche suivante : « L'ennemi n'a pas poursuivi vivement le maréchal Mac-Mahon. »

Pour ne pas conserver le moindre doute, d'ailleurs, il suffit de lire les dépêches allemandes. Le rapport officiel, fait après coup, a pu être arrangé pour les besoins de la cause, mais, le soir même de la bataille, le prince royal télégraphiait à Berlin : « ...les Français sont rejetés sur Bitche ; » et le 8 août, deux jours après le combat, il confirmait ce premier renseignement : « ...L'ennemi s'est retiré sur la route de Bitche ». Il est donc bien évident que la poursuite des Prussiens a été peu sérieuse, puisqu'à la date du 8 août ils croyaient encore que les Français s'étaient repliés sur le corps de Failly, alors qu'ils avaient pris une route opposée, celle de Saverne.

M. de Wickede, d'ailleurs, reconnaît franchement qu'une grande faute fut commise : « Comme notre poursuite de l'armée française laissa beaucoup à désirer après la bataille de Wœrth et que l'on ne tira pas encore à ce moment de notre cavalerie, si nombreuse et si capable, le parti que l'on sut plus tard fort heureusement en tirer, Mac-Mahon replia en assez bon ordre à travers les Vosges la plus grande partie de son armée. »

Cette première et inexplicable faute conserva à la France 25,000 soldats qui formèrent le noyau d'une nouvelle armée.

II

De Wœrth à Strasbourg, la route n'est pas longue. Quelques escadrons de cavalerie lancés à toute bride pouvaient arriver devant la ville et peut-être s'en emparer. « Nous n'avons pas de troupes, télégraphie le 7 au matin le préfet au Ministre de l'Intérieur, quinze cents à deux mille homme⹀, si l'ennemi tente un coup de main sur la ville, nous nous défendrons jusqu'au bout. »

La résistance n'aurait pu être longue, car Strasbourg qui, en temps de paix, a une garnison de trois régiments d'artillerie, de deux régiments d'infanterie, d'un bataillon de chasseurs, enfin d'une escouade de lanciers, ne possédait qu'un régiment.

En outre les glacis n'étaient pas rasés, le côté sud n'était pas inondé. La ville, en un mot, ne se trouvait pas en état de défense.

Ce coup de main que nous indiquons avait tant de chances de succès qu'il fut tenté... deux jours après. Le 8, à six heures du soir, le général de la Roche, avec une brigade de dragons badois, somma la ville de se rendre. Mais ces deux journées n'avaient pas été perdues : plusieurs milliers de soldats de Wœrth s'étaient rendus à Strasbourg. On comptait des artilleurs des 3e, 9e, 16e et 20e régiments, des soldats du 2e et du 9e du train, des hommes des 10e et 13e chasseurs, du 13e, du 87e, du 96e de ligne, un bataillon de zouaves et de turcos, cinq bataillons d'un régiment de marche d'infanterie, des douaniers, de la cavalerie, près de onze mille hommes.

Le général de la Roche en fut donc pour sa tentative. Il croyait si bien réussir, — nous empruntons ce détail au livre si intéressant de M. Schnéégans *(Strasbourg)*, — qu'il avait emmené avec lui le correspondant de la *Gazette de Carlsruhe* qui écrivait à son journal : « Je pensais pouvoir passer cette soirée à Strasbourg; pour cette fois, cette espérance a été déçue. »

Tenté deux jours plus tôt, le soir même de la bataille de Wœrth, cet audacieux coup de main eût peut-être abouti. Dans le cas même où il eût échoué, les troupes qui, trouvant la route libre, se sont réfugiées à Strasbourg, n'auraient pu le faire, et la ville privée de garnison, sans artilleurs, était incapable de résister longtemps.

Cette faute a donc coûté aux Prussiens deux mois d'un siége rigoureux et leur a immobilisé 50,000 hommes.

III

Le 6 août, le jour même de la bataille de Wœrth, les troupes françaises formant l'armée de Metz occupaient les positions suivantes : le 2ᵉ corps, général Frossard, était à Forbach. La 1ʳᵉ division du 3ᵉ corps, maréchal Bazaine, se trouvait à Sarreguemines (à 18 kilomètres du 2ᵉ corps) ; la 2ᵉ division, à Bening (à 10 kilomètres) ; la 3ᵉ, à Puttelange (à 17 kilomètres) ; et la 4ᵉ, à Saint-Avold (à 17 kilomètres). Le quartier général du maréchal était à Saint-Avold. En moins de quatre heures, une marche rapide pouvait donc porter plus de 20,000 hommes de renfort sur les hauteurs de Spickeren. Enfin le 4ᵉ corps (Ladmirault) occupait Bouzonville, à moins de 30 kilomètres de Forbach. Une attaque sur un point ainsi protégé semblait donc impossible ; elle eut lieu cependant. Le général Kamecke, qui commandait l'avant-garde ennemie, jeta la 14ᵉ division contre les hauteurs de Spickeren.

Quel était le but du général prussien ? La chose est difficile à préciser. Sans doute le résultat fut favorable, cette attaque réussit, mais le matin même de la bataille, au moment où Kamecke fit ouvrir le feu, il devait être exactement renseigné par ses espions, et il n'ignorait pas qu'en face de lui se trouvait le corps Frossard (25,000 hommes), et qu'à quatre à cinq lieues au plus, deux autres corps français étaient rassemblés. En trois heures, quatre heures au maximum, le canon devait réunir plus de 70,000 Français sur le champ de bataille.

Pour résister à ces forces qui n'avaient pas encore été entamées, mieux que cela, pour les attaquer, le général Kamecke disposait sans doute de troupes nombreuses? En nous reportant aux documents prussiens, qui concordent tous avec un tel ensemble que le doute n'est pas permis, nous trouvons que le général Kamecke avait sous ses ordres une division d'infanterie (la 14ᵉ), composée de la 27ᵉ brigade (général François) et de la 28ᵉ (général Woyna), plus la brigade de cavalerie Rheinbaben, le tout formant un total de treize à quatorze mille hommes.

Ainsi, c'est avec cet effectif que le général Kamecke se jette sur 25,000 Français retranchés dans une position aussi forte que Spickeren.

Cette attaque était si bien un coup de tête, une fantaisie, que le général Dœring, commandant la 9ᵉ brigade d'infanterie prussienne, le plus rapproché du lieu du combat, ne fut averti que par le canon et se porta en toute hâte au secours de son imprudent confrère, après avoir eu soin de prévenir les divisions qui se trouvaient plus éloignées. Les premiers renforts n'arrivèrent qu'à 3 heures : cinq heures d'une marche forcée avaient donc été nécessaires aux régiments ennemis pour gagner Spickeren. Il était temps d'ailleurs, le général François venait d'être tué, les Prussiens, évidemment inférieurs en nombre, ne pouvaient longtemps continuer cette lutte inégale.

Sans doute, le général Kamecke espérait être soutenu, mais il n'ignorait pas que le gros de l'armée (Frédéric-Charles) était trop éloigné pour venir à son aide : l'ensemble des troupes échelonnées sur la route d'Ottveiller à Saarbrück, qui, en triplant les étapes, pouvaient arriver à temps, ne dépassait pas 15 à 20,000 hommes. Seuls, en effet, les généraux Dœring, Barenkow, Gœben, Zastrow et Alvensleben se trouvaient dans un rayon de 6 à 7 lieues.

Mais si le général Kamecke comptait que le bruit du canon lui amènerait des renforts éloignés de 20 à 30 kilomètres, il ne pouvait manquer de penser que les Français distants en moyenne de 12 à 15 kilomètres accourraient en moitié moins de temps, ce qui n'améliorait pas sa position.

En un mot, ou bien réduit à ses propres forces, il attaquait les hauteurs de Spickeren, et les résultats acquis à **2** h. 1/2 prouvent qu'il échouait misérablement, ou bien il voyait le nombre des combattants augmenter des deux côtés, mais les avantages des Français devenaient proportionnellement plus grands.

Pour rêver le succès, il lui fallait supposer :

1° Que les généraux français, au lieu de marcher au canon, demeureraient tranquilles dans leurs cantonnements ;

2° Que le chef de corps de l'armée française jugerait inutile de paraître sur le champ de bataille reconnaître l'importance de l'attaque, et de prendre les précautions commandées par la plus simple prudence.

Le général Kamecke ne pouvait prévoir ces événements tellement invraisemblables, inouïs, que l'esprit se refuse aujourd'hui encore à les admettre. Son attaque était donc folle, et à l'avance condamnée à l'insuccès.

Peut-être allait-il attirer sur les armes prussiennes un désastre terrible au début d'une campagne ; ces brigades, qui accouraient au pas de course se joindre à lui, étaient peut-être vouées à la défaite, n'importe, il attaqua.

Il réussit.

Ce jour, le général Frossard avait quelques

petites affaires à régler, un déjeuner à termi-
ner, dit-on, une conversation intéressante avec
le maire, assure-t-on, je ne sais, mais, déjeuner
ou conversation, le commandant en chef, sur
les 4 h. 1/2, comprit tous les devoirs qui lui
incombaient : donc il se décida à quitter *le
Charriot d'or* qu'il habitait, monta à cheval et,
gravissant une petite ruelle qui longe l'hôtel...
il disparut. Dans la nuit, ses gens, fort inquiets,
juraient qu'il était mort, mais on le retrouva le
lendemain.

Je ne sais trop si ce fait a été contredit.

Le même jour, à Sarreguemines, à Saint-
Avold, à Bening, nos braves soldats entendaient
le canon gronder : impatients, ils demandaient
à marcher; cet ordre leur fut donné... le lendemain.

De Sarreguemines à Spickeren, la route est
belle pourtant. Elle longe la Saar sans un obstacle. En une heure, je la franchis dans cette
sanglante journée du 6, sans rencontrer d'autres prussiens qu'un poste de hulans à Gros-
bliederstorff.

Donc, le général Kamecke réussit, cette attaque insensée eut un plein succès. Pourtant il
convient d'amoindrir un peu ce triomphe. A
en croire les Prussiens, ils auraient pris Spic-

keren à la baïonnette. Tous leurs récits sont unanimes : Spickeren a été gravi au pas de course, Spcikeren l'inexpugnable a été enlevé. Je ne note pas toutes les variations exécutées sur ce thème, mais elles sont nombreuses.

Malheureusement, le fait est faux, n'en déplaise aux Prussiens. Spickeren n'a pas été pris. Comme le témoignage d'un Français pourrait sembler intéressé, je citerai ici quelques lignes que les Allemands ne songeront sans doute pas à récuser. Elles sont extraites de la dépêche officielle prussienne : « ... Le combat n'a fini qu'à l'obscurité complète. L'ennemi a couvert sa retraite par une canonnade violente des hauteurs de Spickeren. »

Le duc Guillaume de Wurtemberg, commandant de la garde prussienne, est encore plus explicite : « ... Je voulais aller au-devant d'une opinion maintes fois répandue, que la position des Français près de Saarbruck avait été enlevée par une charge hardie à la baïonnette. *Tout ce que l'on peut dire c'est que de nombreuses attaques, menées par les Prussiens avec une bravoure extraordinaire, une seule réussit, et encore ce succès fut-il dû au mouvement tournant préparé de bonne heure.* »

Spickeren n'a été abandonné par la brave

division Lavaucoupet que vers les 9 heures du soir, et le combat était fini.

Malgré leur victoire d'ailleurs, les Prussiens ne firent pas un pas en avant et n'osèrent même pas entrer dans Forbach.

Pour tout esprit impartial, cette attaque du 6 août était une faute grossière qui pouvait compromettre par un échec important le succès de la campagne. Ce qui prouve jusqu'à l'évidence qu'elle n'était pas préparée, c'est cette course précipitée, furieuse des brigades sur la route de Saarbruck.

Est-il bien dans les habitudes prussiennes de se jeter ainsi sur l'ennemi un contre deux, et de laisser au hasard le soin de diriger les régiments et les divisions? A Wœrth, le prince royal comptait 140,000 hommes contre les 35,000 hommes de Mac-Mahon, il est évident que l'attaque était préparée, mais à Forbach elle n'a été qu'un coup de tête, une héroïque folie d'un général impatient. Frédéric-Charles était à deux ou trois jours de marche, Kamecke a voulu lui ravir la gloire de battre les Français.

Que ceux qui, séduits par le résultat doutent encore, parcourent la collection du *Times*, ils y trouveront les lignes suivantes: « ... Il n'est pas improbable que le mouvement de la première division allemande fut prématuré, mais les dispositions des généraux allemands, une fois la bataille engagée, furent habiles. » Les ouvrages allemands ne sont pas moins explicites, nous copions ces phrases : « Il (le général Frossard) fut attaqué plus tôt que ne l'aurait voulu l'état-major général... » « ... Mais les avant-gardes trop impatientes, engagèrent la 14e division prussienne sous le général de Kamecke dans un combat qui prit bientôt un caractère sérieux, de sorte qu'il fallut envoyer des secours. »

Enfin nous terminerons ce chapitre par une dernière citation « ... Remarquons ici qu'on n'avait pas en vue d'attaquer le 6, et que le général de Kamecke, commandant la 14e division, voulut retenir les Français. »

Ces lignes sont du duc de Wurtemberg, que nous avons déjà cité plus haut.

IV

La journée du 6 août est terminée, les Prussiens sont vainqueurs. Que vont-ils faire? Nous poursuivre ? mais ils n'osent pas même sortir du bois de Forbach et entrer dans la ville. Ils ne peuvent jeter après nous ni un régiment ni un escadron. Bien plus, ils laissent, le lendemain matin, une division française, la division Castagny, occuper la ville pendant vingt-quatre heures.

Supposons maintenant que le général Kamecke soit parvenu à modérer ses ardeurs belliqueuses. Le 6 août s'est passé tranquillement, le 7 également. Le 8 au matin, le canon tonne contre Sarreguemines; ce ne sont plus 15,000 Prussiens qui attaquent, c'est le prince Frédéric-Charles qui entre en ligne avec 120,000 hommes. Nos deux divisions, espacées de Sarreguemines à Bitche, sont broyées ; le 2ᵉ corps, s'il n'a pas abandonné Forbach, est coupé; toute retraite lui est interdite, et le prince, passant à travers nos brigades morcelées, va anéantir un à un ces régiments pris comme dans un étau entre les troupes du prince de Saxe, celles de Steinmetz et les siennes.

L'aile gauche est entrée en ligne à Wœrth par un coup de tonnerre, anéantissant une armée ; le centre et l'aile droite — plus de 200 mille hommes — ont un rôle non moins grand, et tous ces beaux régiments français, trop éloignés pour pouvoir se soutenir, sont voués à une défaite assurée. Metz n'est pas armé, qui sait si la campagne ne se terminera pas en un jour.

Mais l'attaque de Forbach est venue détruire ces projets et peut-être cette défaite a-t-elle — pour bien peu de temps — hélas! sauvé l'armée. Pour triompher de nos soldats, il faudra maintenant Borny, Gravelotte, Saint-Privat, plus encore il faudra Bazaine.

Ce n'est pas tout.

Nos divisions sont instruites du danger, elles vont se concentrer; en deux jours, le 8, le 9 au plus tard, elles seront réunies à Metz; au lieu d'attendre le prince Frédéric-Charles, elles rejoindront en toute hâte Mac-Mahon et les débris de son armée, et alors les défilés de l'Argonne deviendront, comme en 1792, les Thermopyles de la France.

Le plan est simple, évident, ce sont les Prussiens qui viennent de nous l'indiquer par leur attaque prématurée. Nous avons quatre jours d'avance, et quelque diligence que fasse le Prince Royal, il ne nous atteindra pas.

Voilà, logiquement, quelles doivent être les conséquences de l'attaque du 6.

Mais le hasard, la fatalité, la démence, car

en vérité, il est impossible d'appeler cela simplement de l'incapacité — nos soldats disaient
la trahison — va servir les Prussiens.

Au lieu de profiter des quelques jours que
nous avons devant nous et d'adopter franchement une résolution énergique, nos chefs vont
promener le soldat de Metz à Saint-Avold, de
Saint-Avold à Faulquemont, pour le ramener
ensuite à Metz. Puis le 14, quand il sera trop
tard, quand le prince Frédéric-Charles pourra
nous rejoindre, nous essaierons de passer.

Ces indécisions de chaque heure, ces fai-
blesses, ces nullités réparèrent la faute de Kamecke. Tout était contre nous : le nombre, la
science, l'armement, la fortune... et, cela ne
suffisant pas encore pour nous abattre... nos
généraux !

V

Le 15 août, l'empereur, qui avait passé la
nuit à Longeville, dans la maison du colonel

Hénocque, continua sa route. Les voitures et l'escorte suivaient le chemin qui mène de Metz à Verdun par Moulins, Gravelotte et Mars-la-Tour. A une heure et demie, on venait de dépasser Rozériueilles et l'on allait atteindre Gravelotte, lorsque la colonne s'arrêta brusquement. Sur la gauche, à 1,500 mètres au plus de la route, s'étend le bois de Vaux : un corps d'armée prussien, ou tout au moins une division était rangée en bataille. Sans le secours de la lorgnette, on apercevait les hommes alignés comme au cordeau.

Engager la lutte était impossible : un escadron de chasseurs d'Afrique, un escadron de guides et vingt gendarmes composaient toute l'escorte. Fuir en toute hâte n'était pas plus admissible, les voitures impériales encombraient la route, et les lourds convois arrivaient par derrière.

L'empereur met pied à terre devant une maison blanche, que l'on nomme *Pampelune;* ses aides-de-camp s'assoient tranquillement autour de lui. Les officiers prussiens avaient poussé leurs chevaux et, à 1,200 mètres de Napoléon, ils regardaient.

L'escadron de guides partit au galop dans les terres labourées pour prévenir Bazaine. Mais l'armée française, afin d'éviter l'encombrement, avait suivi les pentes du Saint-Quentin pour déboucher par Lessy et Châtel-Saint-Germain, sur la route de Mars-la-Tour, un peu au-delà de l'auberge de Saint-Hubert.

Deux heures au moins étaient nécessaires pour réunir quelques régiments et, en quelques minutes, les Prussiens pouvaient prendre l'empereur, son état-major, et ces fameuses voitures qui ne jouèrent jamais un rôle plus malencontreux.

Pourtant, ils ne bougeaient pas. Tranquilles, l'arme au pied, ils regardaient.

Dans le lointain, on entendait les clairons français sonnant le ralliement.

Deux heures s'écoulèrent ainsi, mortelles d'angoisse; l'ennemi demeurait toujours devant le bois de Vaux.

Enfin, les sonneries françaises se rapprochèrent, deux régiments accoururent au pas de course.

Alors la masse sombre s'agita, et quelques minutes après, les Prussiens avaient disparu.

Pas un coup de feu ne fut tiré : lentement, l'escorte poursuivit sa route : une heure après, l'empereur était à Gravelotte.

Qu'attendait donc l'ennemi, et que faisait-il

immobile, alors qu'il n'avait qu'à étendre la main pour s'emparer de l'empereur et de son état-major ?

Un régiment suffisait.

Mais nous aurions tort peut-être de ranger ce fait au nombre des fautes commises par les Prussiens. Ils avaient déclaré, un mois avant, qu'ils faisaient la guerre non à la France mais à son souverain. L'empereur pris, la lutte n'avait plus de raison d'être, et le roi Guillaume se souciait médiocrement de borner là ses ambitions.

Faute ou non, il était utile de signaler ce souvenir peu connu et qui n'est pas l'un des moindres mystères de cette guerre.

VI

Du 6 août, jour de la bataille de Wœrth, au 26, où il commence à poursuivre l'armée de Châlons, que devient le Prince royal ? Ses troupes comprennent les 5e, 6e, 11e corps, les 1er et 2e bavarois, soit un effectif de 130 à 140,000 hommes. Devant lui, il n'y a plus d'ennemi, le maréchal Mac-Mahon s'est mis en retraite sur Châlons, et il a été suivi par le général de Failly qui occupait Bitche. La frontière est donc ouverte, pas un obstacle sérieux ne peut arrêter l'ennemi.

Dès lors deux plans se présentent à l'esprit :

1° Réparer la faute commise à la suite de la bataille de Wœrth, se lancer à la suite de Mac-Mahon, le rejoindre, fût-ce à Châlons, et exterminer ces 25 ou 30,000 Français qui vont devenir le noyau d'une nouvelle armée.

2° Accorder quelques jours de répit à Mac-Mahon et, au lieu de prendre la route de Haguenau et de Saverne, appuyer sur la droite par Bitche et Sarreguemines, rejoindre l'armée du Prince Royal, et attaquer Bazaine non plus avec 160,000 mais avec 350,000 hommes.

Examinons brièvement ces deux hypothèses. Le maréchal Mac-Mahon, suivant la grande route par Sarrebourg et Lunéville, atteignit Nancy le 12 ; le 16, il était à Châlons. En commençant la poursuite le lendemain — puisque nous avons vu le prince royal rester

immobile après la victoire — la 3e armée prussienne rejoignait les Français, grâce à sa cavalerie. En supposant même que le contact ne
pût être pris qu'aux environs de Châlons,
l'écrasante supériorité des Allemands ne permettait pas un doute sur l'issue de la lutte.

Mais, dira-t-on, tenter cette marche hardie,
alors que derrière soi on laissait Bazaine
avec ses 130,000 hommes, était par trop dan-
gereux.

Il est facile de répondre que Bazaine avait
assez à faire avec la 1re armée (général Steinmetz), et la 2e (prince Frédéric-Charles), pour
ne pouvoir songer à se rabattre sur la 3e
armée.

Mais admettons comme vraie cette objection.

Il fallait alors, puisque l'armée réunie sous
les murs de Metz était si formidable, la briser
en une seule bataille, et pour cela lui offrir un
nombre d'ennemis double ou triple.

De Wœrth à Sarreguemines, il n'y a guère
que 65 kilomètres. En partant le 7 au matin et
en faisant 20 à 22 kilomètres par jour, le prince
royal pouvait rejoindre le 10, le 11 au plus
tard, le prince Frédéric-Charles, et Bazaine
trouvait alors devant lui, le 16, non plus
150 mais 350,000 Prussiens. L'armée de Metz

était broyée comme venait de l'être celle de Mac-Mahon.

On a objecté — nous le savons — que la marche du prince avait été arrêtée par les forteresses. Le fait est inexact. La Petite-Pierre fut forcée de se rendre, Phalsbourg seule se défendit, mais on pouvait masquer cette petite place. Bitche n'était guère plus inquiétant ; il suffisait de prendre des routes hors de la portée des canons de la forteresse, et de laisser quelques milliers d'hommes en observation.

Ce plan n'avait pas seulement, au point de vue prussien, l'avantage de livrer bataille à Bazaine trois contre un, il rendait des plus critiques la situation du général de Failly, qui se trouvait en l'air à Bitche et ne pouvait plus opérer sa retraite, dans le cas d'une marche rapide du prince royal sur Bitche.

Ainsi, ou achever la victoire de Wœrth en poursuivant Mac-Mahon sans merci, ou bien joindre ses efforts à ceux de la 1re et de la 2e armée contre Bazaine, telles étaient les deux combinaisons stratégiques qui se présentaient au prince royal.

De ces deux plans, chacun offrait de sérieux avantages, aucun ne rencontrait d'objections.

Que l'on ne dise pas que c'eût été une faute d'abandonner l'Alsace conquise en une seule victoire et de laisser ouverte la route de l'Allemagne. La France n'avait plus d'armée en dehors de celle de Bazaine, et il était impossible de rassembler un corps d'armée sur la frontière avant quinze jours.

Ni l'une ni l'autre de ces deux combinaisons ne fut adoptée.

Satisfait de sa victoire, le prince royal marche à petites journées.

Le 7, il est à Niederbronn,

Le 8, à Haguenau ;

Le 9, à Hochfelden ;

Le 10, à Saverne ;

Le 11, à Sarrebourg ;

Le 12, à Réchicourt ;

Le 13 et le 14, à Lunéville ;

Le 15, à Nancy ;

Le 16, il remonte jusqu'à Pont-à-Mousson ;

Le 17, il incline vers Thiaucourt ;

Le 18, il prononce plus avant son mouvement et arrive à Vigneulles ;

Le 19, il redescend à Saint-Mihel ;

Le 20, il est à Bar-le-Duc.

En suivant ces indications, il est facile de voir que la 3ᵉ armée est le 16, le 17 et le 18 en communication avec les troupes de Frédéric-Charles, mais elle ne prend pas part à la lutte. Ces 130,000 hommes peuvent jouer un rôle décisif. Ils demeurent immobiles, ne servant même pas de réserve, car Bazaine ne songe pas à passer par la route de Toul, il incline vers Verdun et, s'il parvient à briser l'armée de Frédéric-Charles, le 16, Fritz ne peut le rejoindre.

D'ailleurs si ces troupes, qui n'ont pas combattu depuis dix jours, sont postées là pour réparer un échec subi par la 1re et la 2e armée, n'est-il pas plus logique de rendre cet échec impossible en doublant le nombre des soldats ?

Nous le répétons, que serait-il arrivé si, le 17 au matin, Bazaine avait été assailli à Gorze et Gravelotte par l'armée qu'il avait contenue la veille à grand'peine, et par ces 130,000 nouveaux combattants ?

La 3e armée n'a donc joué aucun rôle à ce moment. Les communications ont bien été interrompues par elle à Frouard, et ce résultat est d'une importance capitale, mais quelques escadrons de hulans suffisaient pour remplir cette besogne.

Le 19, Bazaine étant définitivement rejeté sur Metz, le prince royal continue sa marche

en avant, un moment interrompue, et le 20, il
est à Bar-le-Duc, libre de pousser sur Paris ou
de rejoindre Mac-Mahon à Châlons.

VII

Lorsque le maréchal Mac-Mahon, doublant
les étapes, atteignit Châlons le 16 août, il comptait au plus 25,000 hommes. Quatre jours
après, le corps de Failly, échappant aux Prussiens, le rejoignait. En outre, l'indiscutable
activité du Ministre de la Guerre avait envoyé
au camp le 12e corps et rappelé le 7e qui se
trouvait à Belfort.

En quatre jours, une nouvelle armée de
125,000 hommes était réunie. Sans doute, ce
n'étaient plus là les vieilles troupes d'Afrique
exterminées à Wœrth, on comptait beaucoup
de recrues et de rappelés dans les rangs, mais
il y avait aussi les trois divisions du 7e corps
qui n'étaient pas encore entrées en lignes,
les deux divisions du général de Failly qui

n'avaient pas été entamées, enfin les quatre régiments rappelés de la frontière espagnole et l'infanterie de marine.

Cette armée offrait donc une force réelle qu'un général habile pouvait utiliser.

Pourtant, le prince royal ne semble pas s'inquiéter de cette armée : il poursuit sa route vers Paris.

On a dit et répété que Fritz était sûr de retrouver et de battre l'armée de Châlons, et que son indécision apparente n'était qu'un piége.

La stratégie admet peu ces explications : le général qui tenant son ennemi dans la main le laisse échapper avec la pensée de le reprendre plus tard, est impardonnable ; car à la guerre, moins que partout ailleurs, on ne peut être sûr du lendemain.

Le prince royal avait commis une faute en laissant Mac-Mahon, échapper après Wœrth, il en avait commis une seconde en donnant aux troupes réunies à Châlons le temps de s'organiser ; il en commit une troisième en méprisant ces 125,000 ennemis et en les laissant sur ses derrières.

Sans doute, cette erreur ne tarda pas à être réparée et la tactique prussienne, du 26 août au 1er septembre est admirable, mais jusqu'à cette date, elle est d'une habileté médiocre.

Tant de versions, d'explications prématurées ont été données de la marche de l'infortuné maréchal que nous croyons utile de rétablir la vérité en nous servant de documents indiscutables tant allemands que français, et en précisant les faits et les dates.

Constatons tout d'abord que rien n'était plus facile que de ramener les quatre corps de Châlons à Paris. Comme il n'entre pas dans notre plan de discuter les fautes commises par les généraux français, nous n'avons pas à examiner si cette mesure était ou non imposée par les circonstances : il nous suffit d'énoncer le fait pour en tirer cette conclusion, que cette armée n'était nullement compromise, que le prince royal ne pouvait avoir en aucune façon la certitude de l'atteindre plus tard, et que par conséquent ce que nous avons avancé plus haut, au sujet de la faute commise par « notre Fritz » est bien indiscutable.

Le 24, Mac-Mahon porte son armée entre Vouziers et Réthel ; la marche sur Sedan est commencée.

On sait le résultat : vaincues le 1er septembre, nos troupes furent obligées de capituler.

La route choisie rendait ce dénoûment presque forcé ; comme on l'a dit et répété souvent,
nous décrivions un arc de cercle, tandis que
les Prussiens n'avaient qu'à suivre la corde :
tous les avantages étaient donc pour eux.

Mais à côté de ce plan malheureux, il en
est un autre, celui du général Palikao qui se
présente dans des conditions différentes.

Au lieu de prendre par le Nord, le ministre
prescrivait de se porter directement sur Verdun : quatre journées de marche suffisaient
pour atteindre le but ; dès lors, malgré toute
sa vitesse, le prince royal ne pouvait nous
rejoindre.

Nous ne rencontrions plus sur notre passage
que les 70,000 hommes du prince de Saxe et
ce ne pouvait être là un obstacle suffisant pour
arrêter 150,000 Français. Frédéric - Charles
aurait donc eu à faire aux deux armées réunies de Mac-Mahon et de Bazaine.

Nous ne défendons nullement cette combinaison qui compte ses adversaires et ses par-
tisans, nous voulons seulement établir que ce
plan hardi *pouvait* réussir s'il était conduit
avec une grande activité.

La négative ayant été longtemps admise,
nous citerons quelques lignes de M. de Wic-

kede qui ne peuvent être suspectées : « ... On ne peut nier toutefois que ce plan n'ait eu quelque chance de réussir, et qu'en réussissant, il n'eût mis le prince Frédéric-Charles devant Metz en une situation difficile ..... les troupes allemandes étaient prises entre deux feux, elles n'auraient pas eu d'autre issue que de se frayer rapidement et à tout prix une retraite vers l'Allemagne. »

Cette *possibilité* de succès seule suffit à condamner le prince royal. Comment en présence d'une telle hypothèse qui rendrait inutiles toutes les victoires allemandes si chèrement payées, poursuit-il sa marche sur Paris jusqu'au 26, donnant ainsi 48 heures d'avance à son adversaire ?

Ne faut-il pas tôt ou tard qu'il rencontre cette armée de Mac-Mahon qu'une première faute de sa part a laissé réunir. Pourquoi donc ne pas l'attaquer sans retard ? L'occasion sera-t-elle jamais plus belle ? Si le maréchal gagne Paris, il est à l'abri derrière les forts et les remparts, et la capitale défendue par ces 150,000 hommes, les marins, la mobile, le corps de Vinoy et la garde nationale, se rit des Prussiens. Si d'un autre côté le maréchal tente une marche hardie sur Metz, il *peut* réussir.

Pourquoi donc ne pas répondre à ces deux hypothèses également désastreuses pour les Prussiens, en attaquant de suite cette armée à peine rassemblée ? En un mot, pourquoi lâcher la proie pour l'ombre?

VIII

Le 13 octobre, le général de Thann entrait dans Orléans après avoir triomphé, sans grand effort, des généraux de Polhès et de la Motte-Rouge. Les quelques troupes françaises réunies à la hâte sur la Loire n'avaient pu opposer une sérieuse résistance.

Après cette facile victoire, l'ennemi crut ne plus avoir rien à craindre de la province. Cantonnés à Orléans, les Bavarois songeaient beaucoup à se reposer des dures fatigues de la guerre et très-peu à poursuivre ces bandes mal armées qui ne pouvaient plus entrer en ligne.

Trois semaines se passèrent dans cette inaction. « Il est vrai, avoue un écrivain allemand, que les Prussiens, après le combat d'Artenay et la prise d'Orléans, crurent avoir refoulé l'armée de la Loire. »

Le 9 novembre, le général de Thann payait cher son erreur et sa négligence. Écrasé à Coulmiers par le général d'Aurelles de Paladines, il était obligé de se réfugier en toute hâte à Étampes, laissant libre la route d'Orléans à Paris.

Le général était donc à 30 lieues de la capitale avec une armée victorieuse de 130,000 hommes. Sur son chemin, il ne pouvait rencontrer que le grand-duc de Mecklembourg, qui occupait Chartres avec 25,000 hommes environ. La situation devenait donc critique pour les Prussiens, si critique que le correspondant du *Times* télégraphiait de Versailles que l'état-major « faisait ses malles. »

La faute du général de Thann et du prince royal qui avait négligé de soutenir les Bavarois, rappelle l'erreur commise le 6 août. Après Wœrth, les Prussiens dédaignaient Mac-Mahon, et, quinze jours après, les débris du 1er corps étaient encadrés dans une armée de 130,000 hommes. Après Orléans, les Bavarois négligèrent de poursuivre et d'écraser l'armée de la Loire, et trois semaines après, ces troupes si méprisées par l'ennemi, s'affirmaient par une victoire.

Rustow, qui a publié une histoire de la guerre écrite avec impartialité, avoue que le plan des Français avait de grandes chances de succès : il fallait que le général Trochu fît une sortie de façon à permettre à l'armée de la Loire de dessiner son mouvement.

Dans ces conditions, la jonction des deux armées était faite et la capitale se trouvait débloquée.

Fort heureusement pour l'ennemi, le gouvernement de Paris venait de trouver une combinaison des plus ingénieuses, qu'il avait transmise par pigeon au gouvernement de Tours. Il ne s'agissait de rien moins que de former l'armée de la Loire « en petits paquets » et de la semer dans les villes ouvertes qui se défendraient à outrance. Châteaudun brûlé par les Prussiens avait inspiré au général ce merveilleux projet des plus logiques. Paris avec ses forts, son enceinte, ses canons, ses 2 millions d'habitants, ses 300,000 hommes de troupes bonnes ou mauvaises demeurant inactif ; les villages sans défense devaient se battre à outrance.

Le gouverneur ne pouvait supposer que sa

généreuse proposition ne serait agréée avec enthousiasme à Tours, et il comptait fortement sur « ses petits paquets » pour transmettre son nom à la postérité.

D'ailleurs, les pigeons n'arrivaient plus. A la tribune, le général Trochu a rappelé que Paris n'avait pas reçu de nouvelles à cette époque. La mémoire a, croyons-nous, fait défaut au général. Si nous ouvrons le *Journal officiel*, nous trouvons les lignes suivantes :

« A la date du 22 octobre, nos forces sont concentrées sur la Loire, couvrent Bourges et se *préparent à prendre l'offensive.* »

Le 28. — « Le Gouvernement a reçu cette nuit une dépêche de Tours, datée du 24 ; *il ne peut la reproduire textuellement parce qu'elle est exclusivement consacrée à des mouvements de troupes.* »

Le 30 octobre.... « M. Thiers a quitté Tours le 28 octobre et n'a pu apporter que des explications verbales.... Il a rencontré partout de nombreux corps d'armées. Celui de la Loire lui a paru animé d'un excellent esprit ; son effectif est de 100,000 hommes environ, »

Le 14, la nouvelle de la victoire de Coulmiers arrivait à Paris : une grande sortie était donc imminente, comme le disaient les proclamations « pour tendre la main à nos frères de province. »

Ainsi, le 22 octobre, le général Trochu annonçait que l'armée de la Loire allait reprendre l'offensive ; le 28 il recevait une dépêche *consacrée à des mouvements de troupes* et le 30 M. Thiers, qui *avait quitté Tours le 28*, se trouvait à Paris.

Or, le général Chanzy nous apprend que c'est le 25 à Tours, que le projet de la marche sur Paris avait été arrêté. Le général Trochu était donc prévenu : il avait eu deux mois pour former et aguerrir ses troupes — l'armée de la Loire venait d'être organisée en trois semaines — il pouvait donc se préparer et faire sa sortie à l'annonce de la victoire de Coulmiers, c'est-à-dire le 15.......

On sait le reste. Le prince Frédéric-Charles arriva de Metz rapide comme la foudre ; les batailles, les victoires du 30 novembre et du 2 décembre, qui auraient eu des résultats si décisifs si elles avaient été livrées quinze jours plus tôt, demeurèrent inutiles, et l'armée de la Loire commença cette retraite héroïque, livrant plus de 40 batailles ou combats en 27 jours.

L'inaction fatale du général Trochu répara donc les fautes des Prussiens, mais l'erreur n'en a pas moins été commise, et les lignes suivantes, extraites du *Times*, indiquent quelles pouvaient être les conséquences de la négligence du général de Thann : « Perplexité générale. Le son du canon dans une direction inattendue faisait qu'on se regardait avec inquiétude. Les bagages étaient prêts pour le départ : On craignait qu'à tous moments l'armée du prince royal ne fût obligée de quitter ses positions. Aujourd'hui on est pleinement rassuré ; cependant chacun songe à ce qu'eût été la situation si Bazaine avait tenu huit ou dix jours de plus. »

Nous ne nous étendrons pas davantage : il nous serait facile de signaler d'autres fautes commises par les Prussiens : le mouvement de Steinmetz à Gravelotte qui amena un massacre inutile ; la lenteur des Prussiens après Sedan, laissant échapper le corps de Vinoy qui n'avait même pas de cartouches pour se défendre, et permettant à Paris de s'armer...

Dans une histoire de la guerre publiée par *l'Allgemein Militar Zeitung* nous trouvons les lignes suivantes écrites par un officier de l'armée royale saxonne : « Il y eut des moments de pénible anxiété. La direction des opérations laissa parfois à désirer, on constate d'inexplicables hésitations, des poursuites *divergentes* qui ne conduisaient qu'à de nouvelles batailles. »

Ces lignes sont le résumé de ce qui précède. Elles suffiraient à prouver que les Allemands ont commis, durant cette campagne, des fautes sérieuses.

Souhaitons qu'ils les renouvellent..... à la prochaine, occasion et que nos généraux profitent mieux des erreurs et des négligences de l'adversaire.

PARIS. — IMPRIMERIE CENTRALE DES CHEMINS DE FER. — A. CHAIX ET Ce, RUE BERGÈRE, 20. — 12282-1.

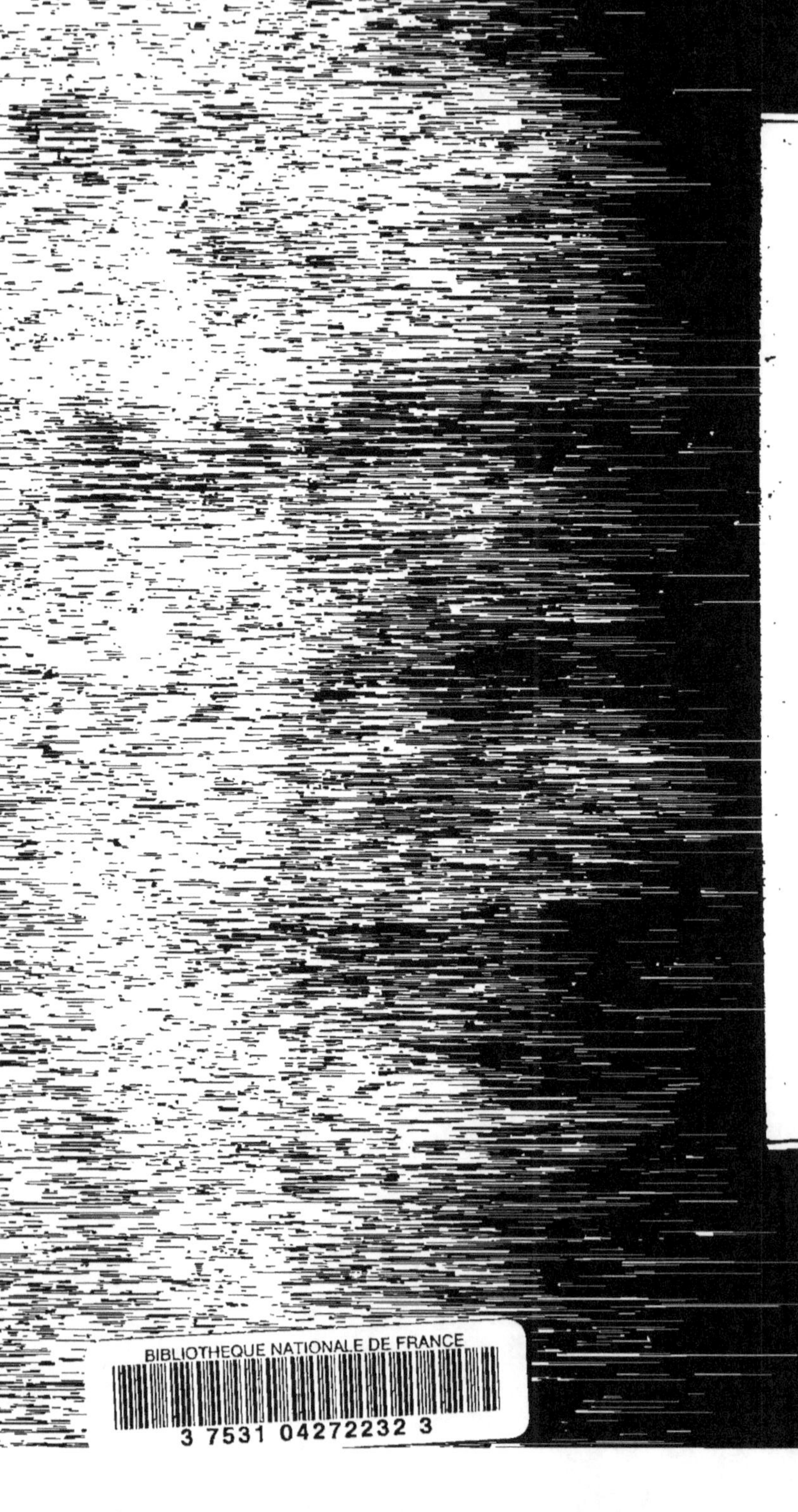

www.ingramcontent.com/pod-product-compliance
Lightning Source LLC
Chambersburg PA
CBHW051554070726
47594CB00017B/1349